Happy words making feel relieved.

心がすーっと軽くなるしあわせのことば

はじめに

わたしたちは誰もが幸福になりたいと願って、日々を過ごしています。

その毎日の中で、うまくいかないこと、心が沈んでしまうこと、元気がなくなってしまうことがどうしても出てきてしまうでしょう。

苦境や危機、あるいは停滞といったものを、先人たちはときに正面から乗り越え、ときに身軽にかわしてきました。

そして、彼、彼女たちは後に続く私たちのために、経験や知識をもとにした素敵な贈り物をくれたのです。

この本には偉人たちが残してくれた贈り物――素晴らしい110の名言をおさめました。

icemanphotos

これらの名言は、人生という旅路に灯るかがり火のようなもの。
それは暗闇をさまよう人の道しるべであり、冷えて固くなってしまった心を優しくほぐすぬくもりであり、前へ進もうとする人の背中を押してくれる頼もしい手なのです。
美しい世界の感動的な写真とともにお届けする偉人たちの「しあわせのことば」。この本を読み終えたあなたが、本当のしあわせに包まれることを願って。

モルディブ　夕暮れの水上コテージ

Happy words making feel relieved.

心がすーっと軽くなるしあわせのことば

editor　山下達広（開発社）
cover design　杉本龍一郎（開発社）
design　杉本龍一郎、太田俊宏（開発社）

PHOTO
cover by Aflo
all others by Shutterstock

タンザニア ザンジバル
Marius Dobilas

contents

第1章

しなやかで折れない心をつくることば

lauradibi

Olena Tur

こころが疲れてしまったら
澄みきった青空を見上げなさい
さわやかな大空を吹き抜ける
風になりなさい

葉祥明（絵本作家）

トルコ　カッパドキア

間違えたっていいじゃない、
機械じゃないんだから。

フジコ・ヘミング（ピアニスト）

Olena Z

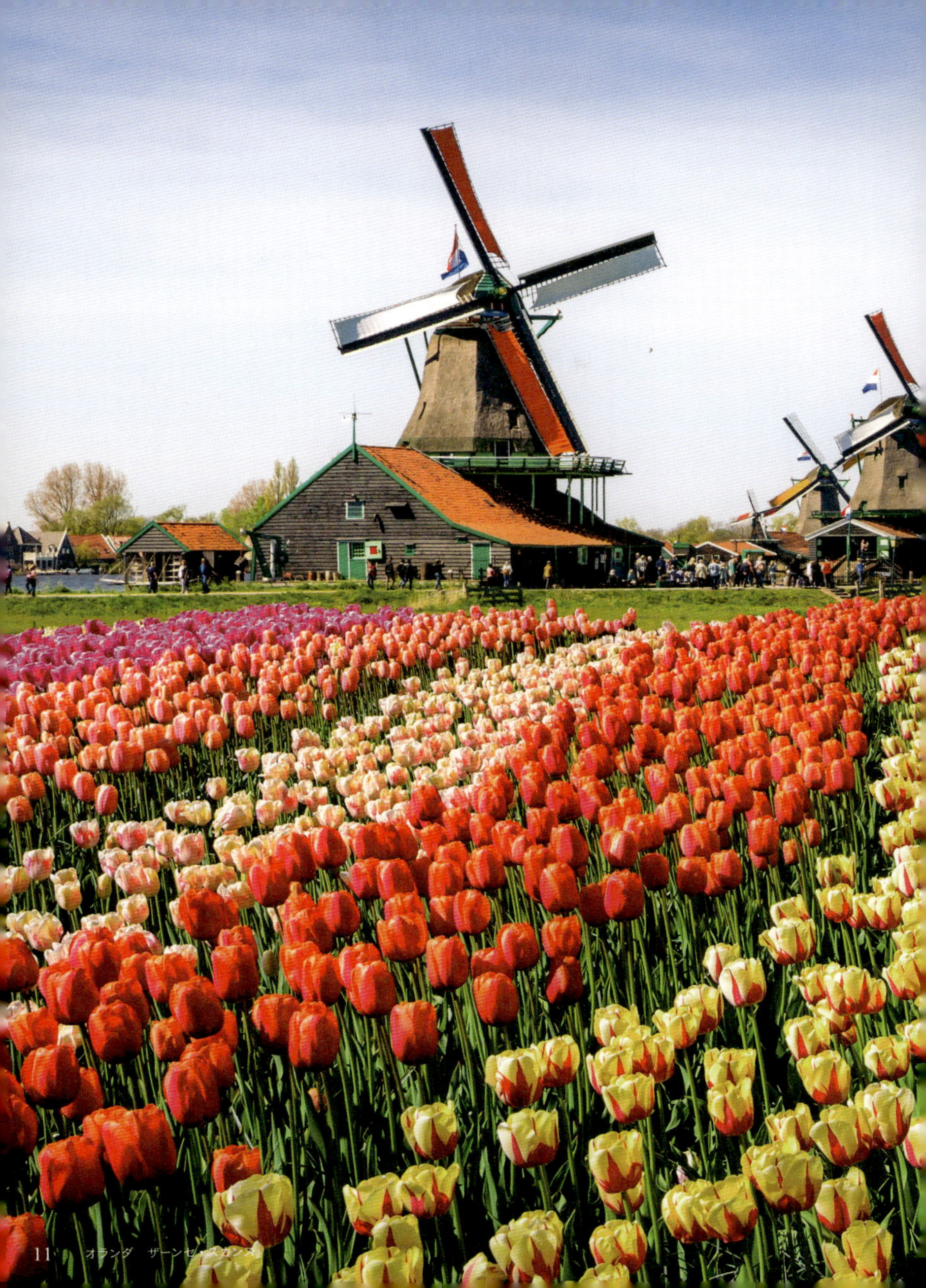

11 オランダ　ザーンセ・スカンス

元気を出しなさい。
今日の失敗ではなく
明日訪れるかもしれない
成功について考えるのです。

ヘレン・ケラー（教育家）

ひとつひとつの悲しみには
意味がある。
時には思いもよらない意味が。
どんな悲しみであろうと
それはこの上なく大切なもの。

エラ・ウィーラー・ウィルコックス（詩人）

Anibal Trejo

 ゼンチン　サリ　グランデ塩田

Roxana Bashyrova

長い階段をのぼる時、
その階段の全てが
見えなくても良いのです。
大事なのは、目の前にある
一段をのぼることです。

マーチン・ルーサー・キング（牧師）

チェコ　南モラヴィアの丘陵地帯

私にできるのは、
私ができることについて、
私ができるベストを
尽くすこと。

スティービー・ワンダー（アーティスト）

19　ノルウェー　ラップランド地方

何がしあわせかわからないです。
本当にどんなに辛いことでも、
それが正しい道を進む中の出来事なら
峠の上りも下りもみんな
本当の幸せに近づく
一歩づつですから。

宮沢賢治（詩人）

タイ　サムイ島

私は失敗したことがない。
ただ、1万通りの
うまくいかない方法を
見つけただけだ。
トーマス・エジソン（発明家）

Galyna Andrushko

23　カナダ　ガリバルディ湖

困難を予期するな。
決して起こらないかも
知れぬことに心を悩ますな。
常に心に太陽を持て。

ベンジャミン・フランクリン（政治家）

chris piason

モンゴル　ゴビ砂漠

Richard Whitcombe

なにもかもすべてやろうとしたり、
すべてが正しくおこなわれることを
期待していると、
いつか失望するはめになります。
完璧主義は敵です。

シェリル・サンドバーグ（フェイスブック最高執行責任者）

canadastock

疲れた人は、
しばし路傍の草に
腰をおろして、
道行く人を眺めるがよい。
人は決して
そう遠くへは行くまい。

イワン・ツルゲーネフ（作家）

ドイツ　ベルヒテスガーデン国立公園

Ondrej Prosicky

力を抜け、抜け、
頭の力も体の力も
手の力もみんな抜け。

シャルル・ミュンシュ（指揮者）

ノルウェー　スヴァールバル諸島

マイナスの経験をした人は有利です。
してない人は、人の気持ちが
わからなくなっている。
わからないことすら、
気づかずに生きてしまう。

山田太一（脚本家）

恐れは逃げると倍になるが、
立ち向かえば半分になる。

ウィンストン・チャーチル（政治家）

イギリス　オックスフォードシャーの森

笑うのは幸福だからではない。
むしろ、笑うから幸福なのだ。

アラン（哲学者）

失敗して、
泥の中に転んだって、
起き上がればいいだけである。
恐れる必要など、
どこにもない。

ラルフ・ワルド・エマーソン（哲学者）

アイスランド　セリャラントスフォス滝

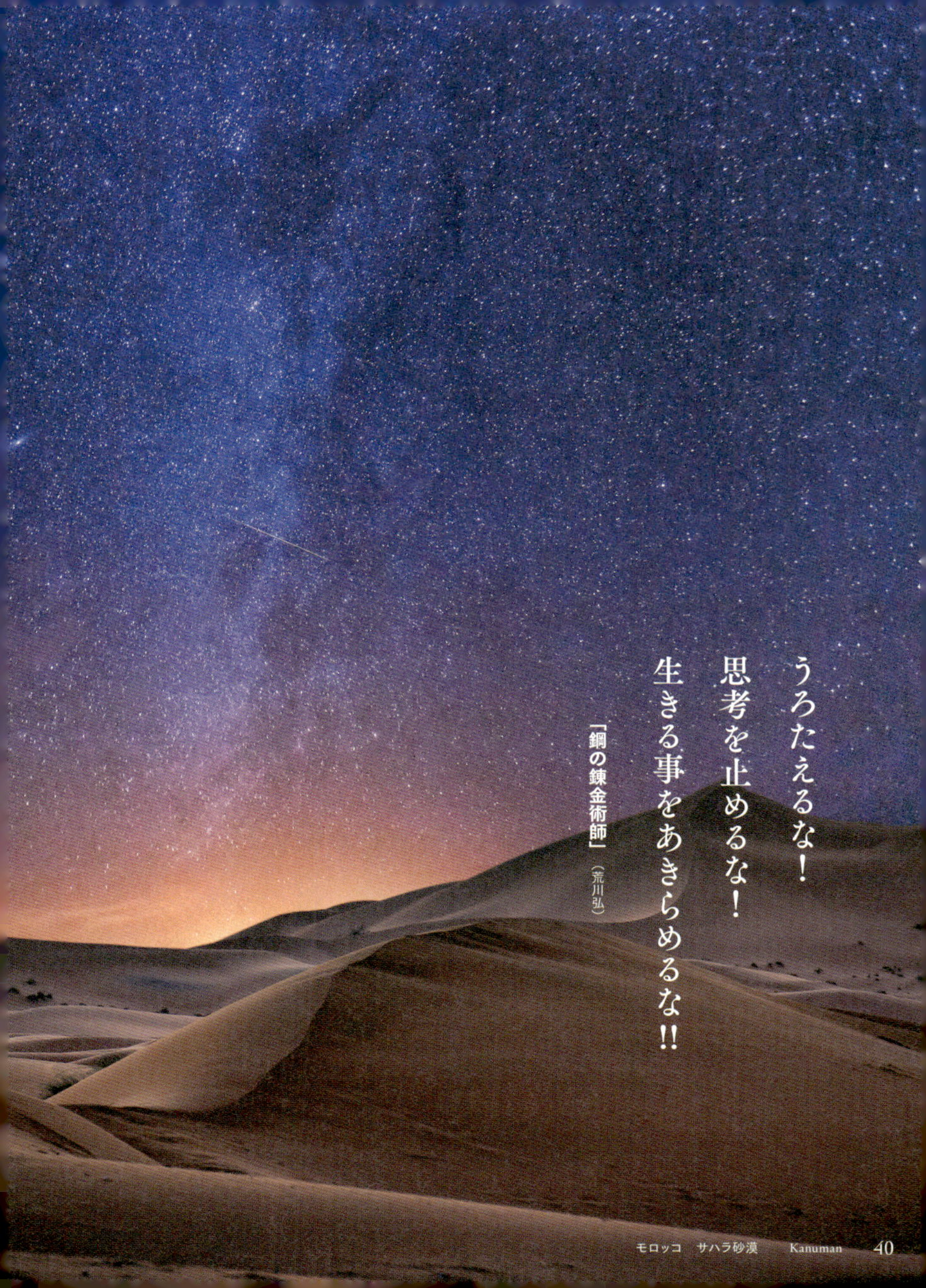
うろたえるな！
思考を止めるな！
生きる事をあきらめるな!!
「鋼の錬金術師」（荒川弘）

モロッコ　サハラ砂漠

絶望とは、
「生まれ変わる」ための
陣痛に他なりません。

亀井勝一郎（文芸評論家）

日本　白川郷　Pigprox

大きなことを夢見よう。
決して途中であきらめてはいけない。
否定的な考えで、自分をだめにしてはいけない。
今日だけを生きるのではなく、
明日に期待しよう。

スティーヴン・スピルバーグ（映画監督）

Galyna Andrushko

これだけは
忘れないでくれたまえ。
生きてさえいれば、
必ず希望はあるんだ。

チャールズ・ディケンズ（作家）

ブラジル　レンソイス・マラニャンセス国立公園

Guo Yu

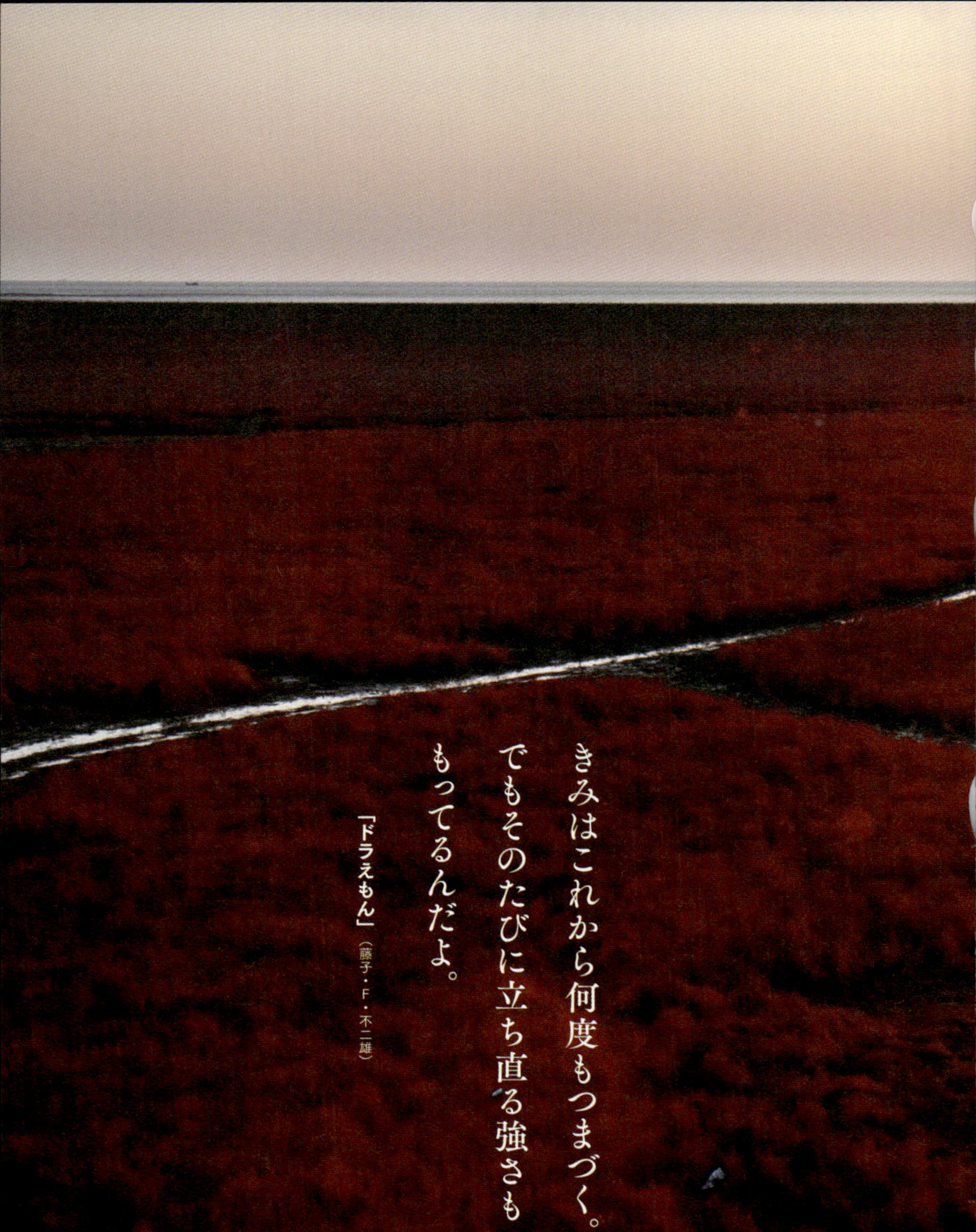

きみはこれから何度もつまづく。
でもそのたびに立ち直る強さも
もってるんだよ。

「ドラえもん」（藤子・F・不二雄）

Lane V. Erickson

後悔にとらわれては
ならない。
後悔などしても
最初の愚かさに
もうひとつ愚かさを
重ねるだけだ、と
すぐに自分に
言い聞かせよう。

フリードリヒ・ニーチェ（哲学者）

「失敗」に乾杯！
あなたが今まで
経験できなかった
価値ある人生の深みを、
この時に学び取ることが
できるのだから。

ソフィア・ローレン（女優）

キューバ　バラデロ

本当に成功する人は、
どのような計画であっても、
待つこと以外に
何もできない時期があることを
知っている。
危険なのは、この時期に
あきらめてしまうことである。

ロバート・シュラー（自己啓発作家）

Matt Makes Photos

53　ニュージーランド　フランツヨーゼフ氷河

第2章 自分に自信が持てるようになることば

Don Mammoser

愛されるために、
自分と違ったものになる
必要はないのですよ。
ありのままで愛されるためには
ただ心を開くだけでいいのです。

マザー・テレサ（修道女）

ペルー　マチュピチュ

Globe Guide Media Inc

自分を信じなさい。
一生つきあって幸せな
気分でいられるような
自分を作り出すのです。

ゴルダ・メイア（イスラエル第5代首相）

確信を持て、いや、
確信があるようにふるまえ。
そうすれば次第に
本物の確信が生まれてくる。

フィンセント・ファン・ゴッホ（画家）

Thomas Bresenhuber

 タンザニア　セレンゲティ国立公園

人生とは
自分を見つけることではない。
人生とは
自分を創ることである。

ジョージ・バーナード・ショー（劇作家）

Roman Mikhailiuk

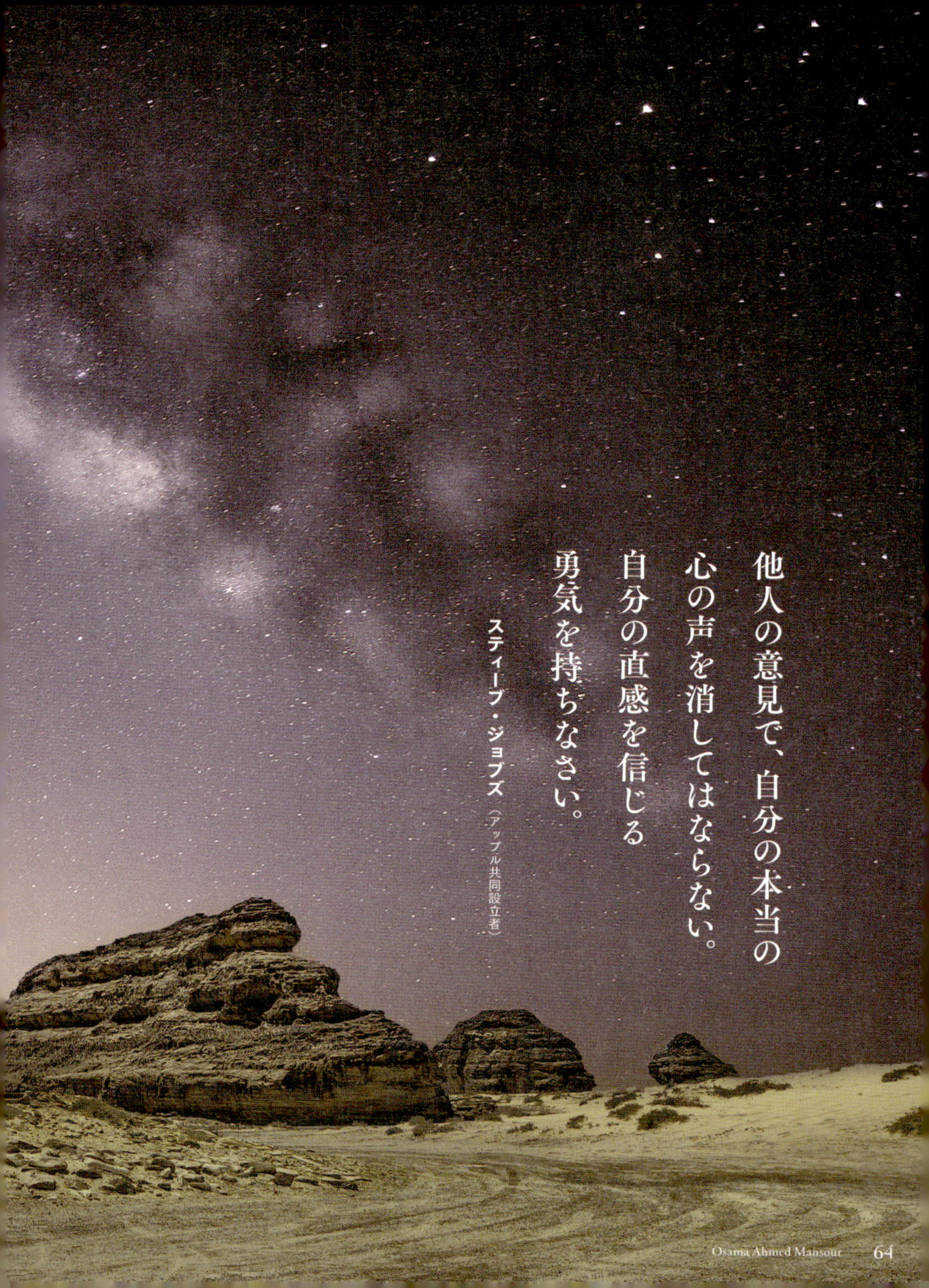

他人の意見で、自分の本当の
心の声を消してはならない。
自分の直感を信じる
勇気を持ちなさい。

スティーブ・ジョブズ（アップル共同設立者）

Osama Ahmed Mansour

サウジアラビア　マダイン・サーレハ

StevanZZ

自分に厳しく、
あいてにはやさしく、
とも言った。
それらを訓練することで、
自己が確立されていくのである。
そして、たのもしい君たちに
なっていくのである。

司馬遼太郎（作家）

まず自分を
愛することから
始めなさい。
ユニークで、頑固で、
気まぐれで、お天気やで、
魅力的で、愚かで、聡明で、
素敵で、粋でもある。
あなたという人間を
正しく評価してください。

キャロル・アドリエンヌ（数秘術学者）

Ekaluck Cheepramrong

フランス　セナンク修道院

間違っていたと認めるのは、
なんら恥ではない。
それは言い換えれば、
今日は昨日よりも
賢くなったと
いうことなのだから。

アレキサンダー・ポープ（詩人）

71 アイスランド クヴィートセルクール

Tono Balaguer

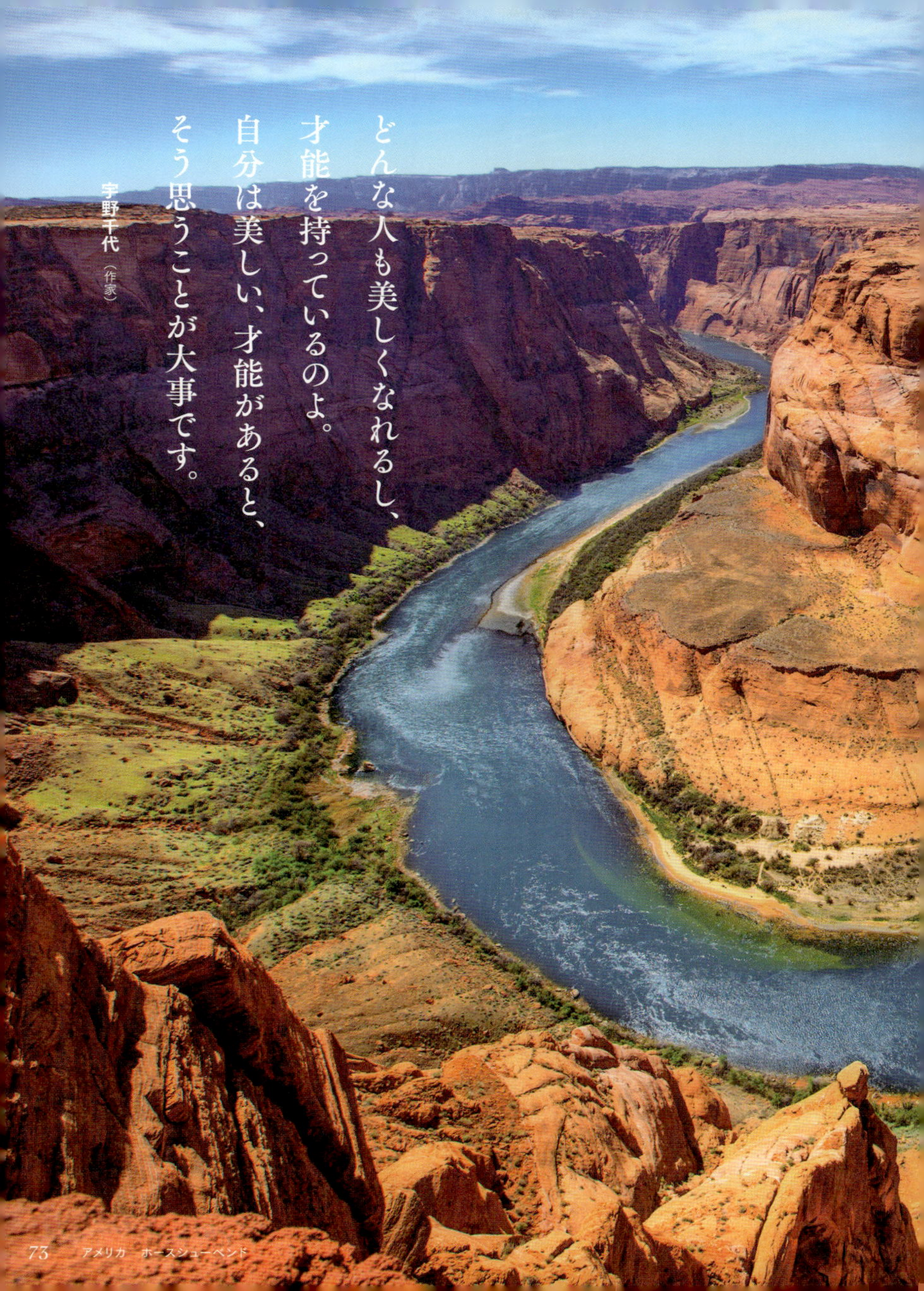

どんな人も美しくなれるし、
才能を持っているのよ。
自分は美しい、才能があると、
そう思うことが大事です。

宇野千代（作家）

どうして自分を
責めるんですか？
他人がちゃんと必要なときに
責めてくれるんだから、
いいじゃないですか。

アルベルト・アインシュタイン（物理学者）

Pocholo Calapre

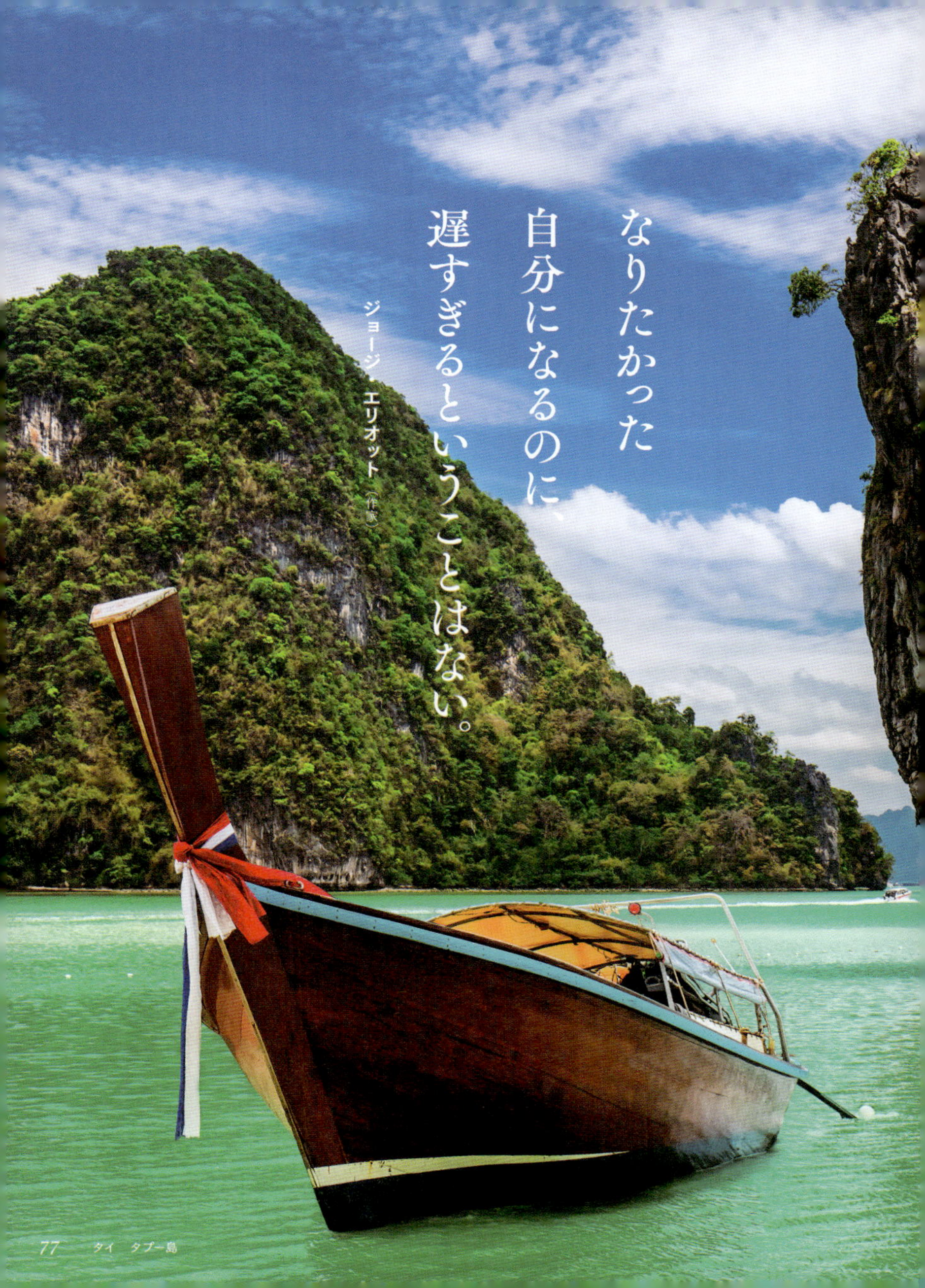
なりたかった
自分になるのに、
遅すぎるということはない。
ジョージ・エリオット（作家）

タイ　タプー島

みずから正しいと信じる者は、
王の万軍よりも強く、
みずからの正しさを疑う者は
いささかの力も持たない。

トーマス・カーライル（歴史家）

 南アフリカ　クルーガー国立公園

魅力的な人に出会うたびに、
礼儀正しさ、謙虚さ、優しさなどの
素敵な部分を取り入れていくことだ。

ケーリー・グラント（俳優）

タイ　エラワン国立公園

実際にどう生きたかというのは
たいした問題ではないのです。
大切なのはどんな人生を
夢見たかということだけ。
なぜって、
夢はその人が死んだ後も
生き続けるのですから。

ココ・シャネル（デザイナー）

Nonthachai Saksri

ノルウェー　ロフォーテン諸島

みんな自分の能力を
疑いすぎるのです。
自分で自分を疑っていては、
最善をつくすことなんて
できないんです。
自分が信じなかったとしたら、
誰が信じてくれるのでしょう。

マイケル・ジャクソン（アーティスト）

私の経験によれば、
欠点のない者は
取柄もほとんどない。

エイブラハム・リンカーン
（第16代アメリカ大統領）

南極　Jared Cohn

自分を熱愛し、
自分を大切にせよ。

志賀直哉（作家）

スペイン　アンダルシアのひまわり畑　Caron Badkin

Andrew Mayovskyy

他人と自分を比べて
優越感や劣等感を持つのは
くだらない他人志向。
大切なのは自己志向。
自分が満足して
自分が納得すればいい。

美輪明宏（俳優）

できると思えばできる、
できないと思えばできない。
これは絶対的な法則である。

パブロ・ピカソ（画家）

第3章

より豊かな人間関係を築くことば

「ありがとう」と
言う方は何気なくても、
言われる方はうれしい、
「ありがとう」
これをもっと
素直に言い合おう。

松下幸之助（経営者）

ギリシャ　ポルト・カチキ

あなたの周りを
変えようとしても
ほとんど意味がありません。
まず最初に、自分の信念を変えなさい。
そうすれば、あなたの周りの
あらゆることが
それに応じて、変わります。

ブライアン・アダムス
（ミュージシャン）

shutterupeire

アイルランド　アキル島

chitsanupong Pakdeekul

愚かな人たちに
嫌われることを喜びなさい。
彼らに好かれることは、
侮辱でさえあるから。

フィリックス・レクエア（詩人）

タイ　ウドーンターニー

Sean Xu

相手の知っている言葉で話しかければ、
それは相手の頭に届く。
相手の持っている言葉で話しかければ、
それは相手の心に届く。

ネルソン・マンデラ（第8代南アフリカ大統領）

人間関係はこちらの出方次第。
あたかも鏡の前に立つようなもの。
こちらが笑えば向こうも笑う。
こちらがしかめ面をすれば
相手も渋面になる。

邑井操（評論家）

2年間、人に好かれようと努力するよりも、
2カ月間、人を好きになったほうが、
ずっと多くの友を得られるだろう。

デール・カーネギー（自己啓発作家）

 ウクライナの冬山

たとえその人の幸せに
関わることができないとしても、
その人が幸せになって欲しいとだけ
望むことが愛なの。

ジュリア・ロバーツ（女優）

anek.soowannaphoom

107　ベトナム　エンバイの棚田

影響力があるかないかは、
レディーの資格が
あるかないかに似ている。
自分で自分はレディーよと
言わなければ
分かってもらえないようでは、
レディーの資格はない。

マーガレット・サッチャー
（イギリス初の女性首相）

109 フランス　プロヴァンス地方

我々は耳を二つ持っているのに、
口は一つしか持たないのは、
より多くのことを聞いて、
話す方はより少なくするためなのだ。

ゼノン（哲学者）

Cristian Zamfir

何よりも大切なのは
自分が何を言いたいか知ること。
次に誰にそれを言いたいのか
決めることだ。

ハロルド・ニコルソン（政治家）

113 トルコ　パムッカレ

握ったコブシを開けば、
怒りも消える。

アラン（哲学者）

ニュージーランド　タウポベイ　Cloudia Spinner

愚者は教えたがり、
賢者は学びたがる。
アントン・チェーホフ（劇作家）

自分をその人より優れているとも、
偉大であるとも思わないこと。
また、その人を自分より優れているとも、
偉大であるとも思わないこと。
そうした時、
人と生きるのがたやすくなる。

レフ・トルストイ（作家）

117　アイスランド　ロイパルホゥルスヘットリルの洞窟

うそでかためた
自分を好かれるより、
本当の自分で
嫌われたほうが、
気持ちいいではないか。

アンドレ・ジッド（作家）

Dudarev Mikhail

 マダガスカル　バオバブの木

自分らしくありなさい。
世界はオリジナルを称賛するのです。

イングリッド・バーグマン（女優）

121 ノルウェー　ネーロイフィヨルド

Strelyuk

「許すことはできるが
忘れることはできない」
というのは、結局
「許すことはできない」
というのと同じことだ。
取り消した契約書は
二つにちぎって焼き捨てられ、
もはや永久に人の目に
触れることはない。
人を許す態度もこうあるべきだ。

ヘンリー・ウォード・ビーチャー（教育者）

ロシア　バイカル湖

第4章

ポジティブなパワーが湧いてくることば

諸君にとってもっとも
容易なものから始めたまえ。
ともかく始めることだ。

カール・ヒルティ（法学者）

ozkan ulucam

トルコ　ウルダー国立公園

Douglas Olivares

今から20年後、
あなたはやったことよりも
やらなかったことに失望する。
ゆえに、もやいを解き放て。
安全な港から船を出せ。
貿易風を帆にとらえよ。
探検せよ。夢を持ち、発見せよ。

マーク・トウェイン（作家）

しかない、
というものは世にない。
人よりも一尺高くから
物事をみれば、
道はつねに幾通りもある。

坂本龍馬（幕末志士）

Svetlana Orusova

理想の環境なんて
待つな。
最高のチャンスも
同様だ。
そんなものは決して来ない。

ジャネット・アースキン・スチュアート（聖職者）

いま曲がり角にきたのよ。
曲がり角をまがったさきになにが
あるのかは、わからないの。
でも、きっといちばんよいものに
ちがいないと思うの。

「赤毛のアン」（ルーシー・モード・モンゴメリ）

 ウクライナ　クレヴァニ村

今日という日は
残りの人生の最初の一日。

チャールズ・ディードリッヒ
（薬物中毒患者救済機関施設設立者）

ギリシャ　ナウ　ビーチ　Maria Uspenskaya

時代が私を待っていたの。
私はこの世に生まれさえすればよかった。
時代は準備完了していたのよ。

ココ・シャネル（デザイナー）

アメリカ　モニュメントバレー　GagliardiImages

Pierre Leclerc

人生で犯す
最大の誤りは、
誤りを犯しは
しないかと
絶えず
恐れることだ。

エルバート・ハバード（作家）

夢を見ることができるなら、
それは実現できるんだ。
いつだって忘れないでほしい。
何もかもすべて一匹のねずみから
始まったということを。

ウォルト・ディズニー（実業家）

「こうすれば、ああ言われる……」
こんなくだらない感情のせいで、
どれだけの人がやりたいことも
できずに死んでいくのだろう。

ジョン・レノン（アーティスト）

人生はどちらかです。
勇気をもって挑むか、棒にふるか。

ヘレン・ケラー（教育家）

オーストラリア　サウスケープベイ　Photography by KO

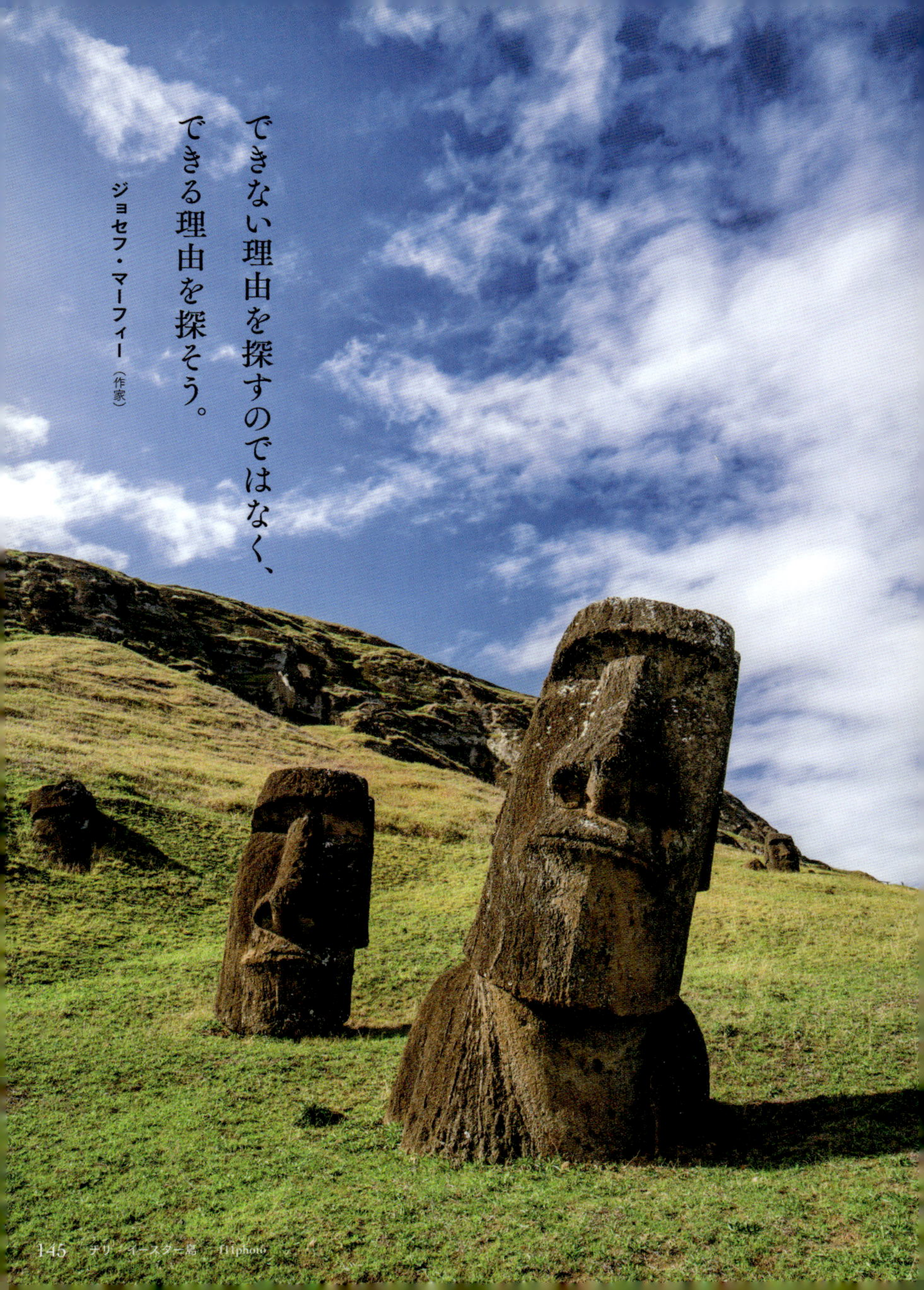

できない理由を探すのではなく、
できる理由を探そう。

ジョセフ・マーフィー（作家）

チリ　イースター島　f11photo

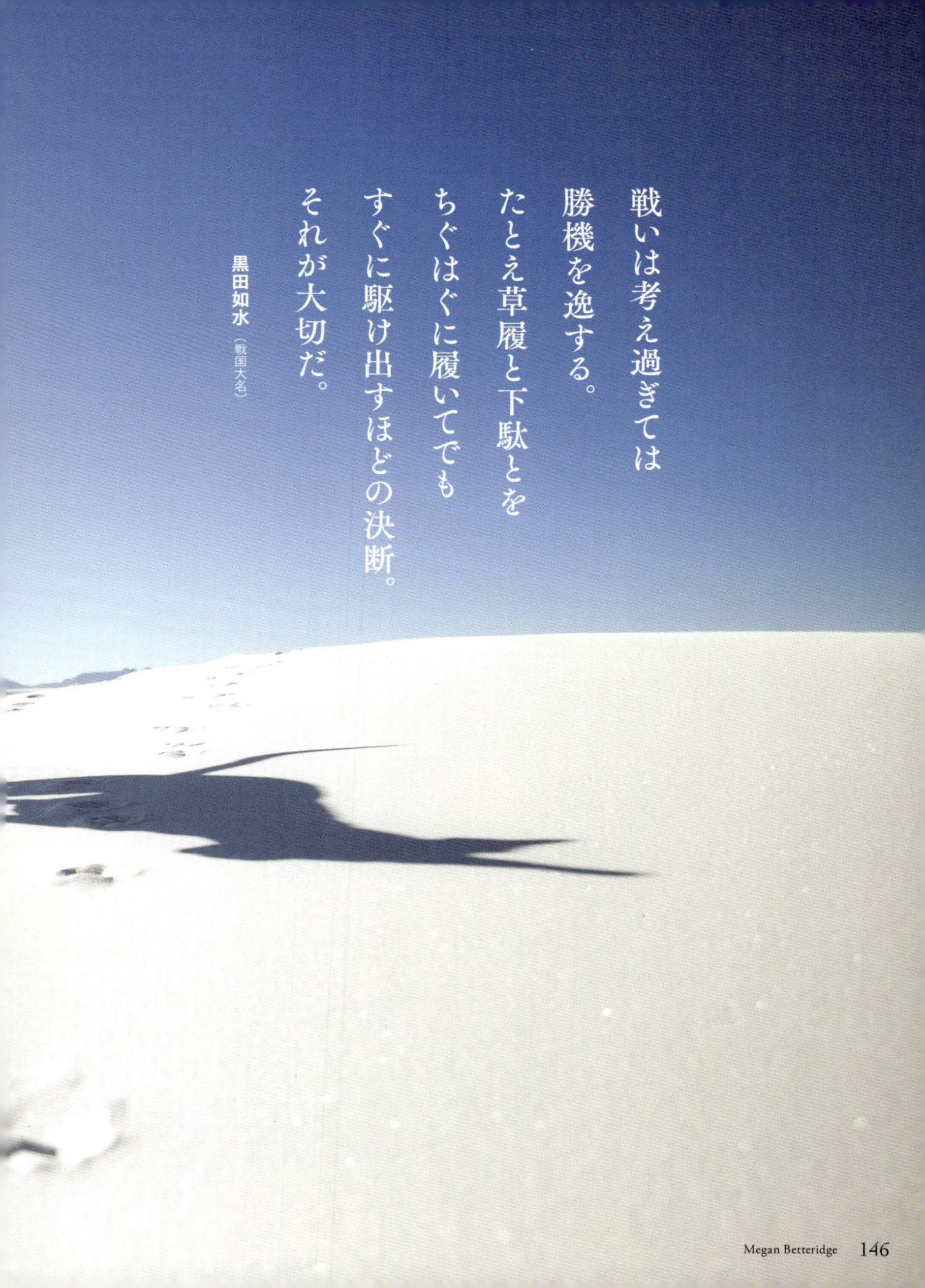

戦いは考え過ぎては
勝機を逸する。
たとえ草履と下駄とを
ちぐはぐに履いてでも
すぐに駆け出すほどの決断。
それが大切だ。

黒田如水（戦国大名）

例えれば、
鍛冶屋が腕を振って
太くなるように、
元気を出し続けると
元気は増して来るものである。

三宅雪嶺（哲学者）

f11photo

どこかに
たどり着きたいなら、
今いるところには
とどまらないことを
決心することだ。

ジョン・モルガン
（モルガン財閥創始者）

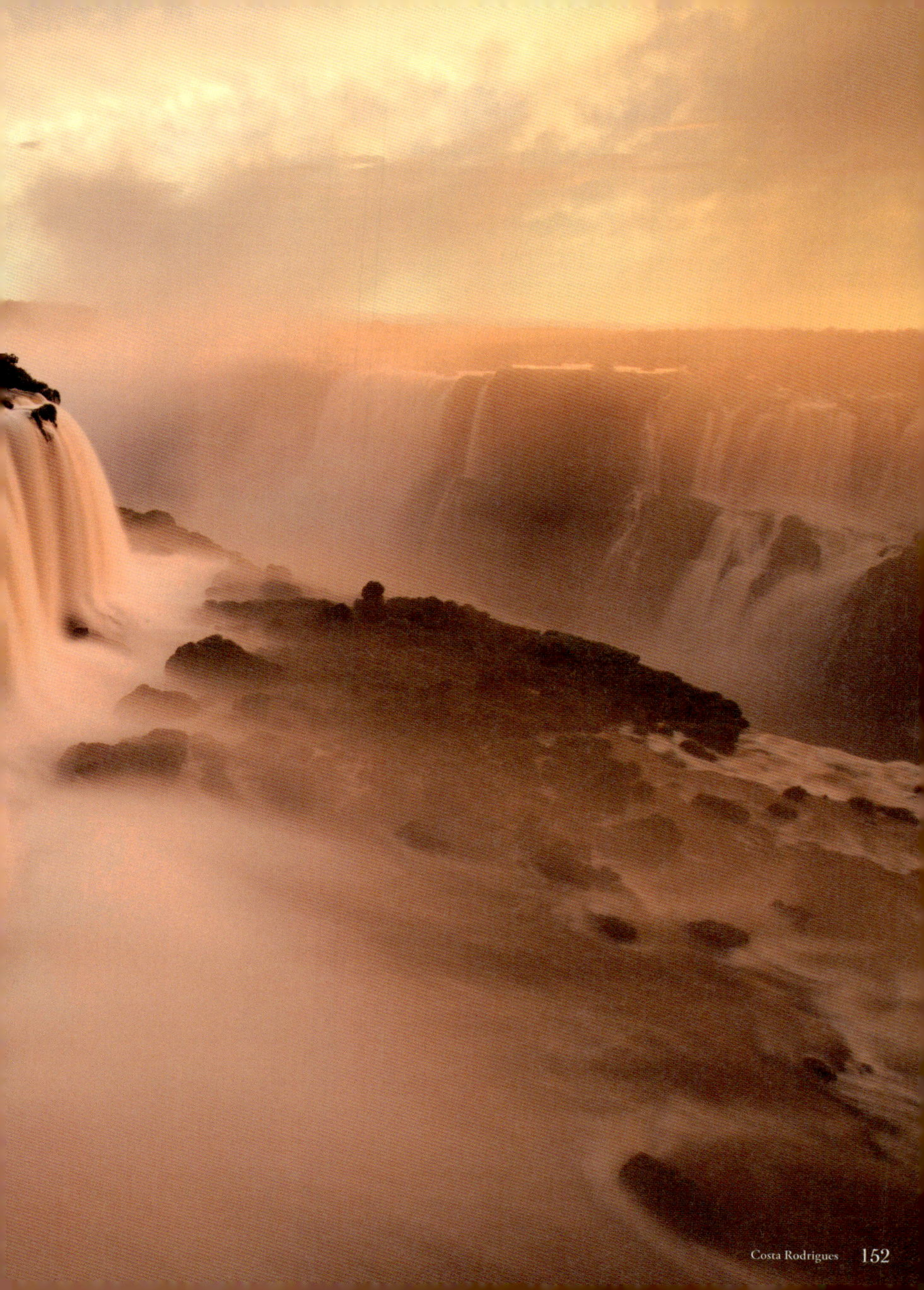

きみの心の中にある
英雄を捨ててはいけないよ。

フリードリヒ・ニーチェ（哲学者）

Guo Yu

雨だれが石をうがつのは、
激しく落ちるからではなく、
何度も落ちるからだ。

ルクレティウス（詩人）

中国　北京郊外の洞窟

まず何よりも、変化を脅威ではなく
機会としてとらえなければならない。

ピーター・ドラッカー（経営思想家）

人は直感的にばかげた
行動をするけれど、
それなしには
成功はしないわ。

映画「ボディガード」

ウクライナ　夏の山のツツジ

どんなに暗くても、
星は輝いている

ラルフ・ワルド・エマーソン（哲学者）

100人の専門家に
「才能がない」と
言われても、
その人たち全員が
間違っているかも
しれないでしょう。

マリリン・モンロー（女優）

人がどう思おうと私は私。
自分の道を行くだけよ。

オードリー・ヘプバーン（女優）

アルゼンチン　フィッツ・ロイ　kavram

「失敗を恐れない」
では弱すぎる。
「必ず成功させてやる」
という強い意志を持て。

ジャック・ニクラス
（プロゴルファー）

物理的であれ、
なんであれ、
自分のやることにいつも
制限をしてしまうと、
それは仕事や人生にも
広がってしまう。
限界などない。
停滞期があるだけだ。
とどまってはいけない。
超えていくのだ。

ブルース・リー（俳優）

Max Topchii

167　ノルウェー　トロルの舌

夢をかなえるコツは
狂ったように
欲しがること。

山本寛斎（デザイナー）

 サウジアラビア　エレファント・ロック

始まるのを待ってはいけない。
自分で何かやるからこそ、
何かが起こる。

植村直己（冒険家）

Robert Crum

 アメリカ　ワシントン州のパルース地方

「できるか」と聞かれたら、
すぐに「もちろん」と
答えること。
それから懸命に
やり方を見つければいい。

セオドア・ルーズベルト（第26代アメリカ大統領）

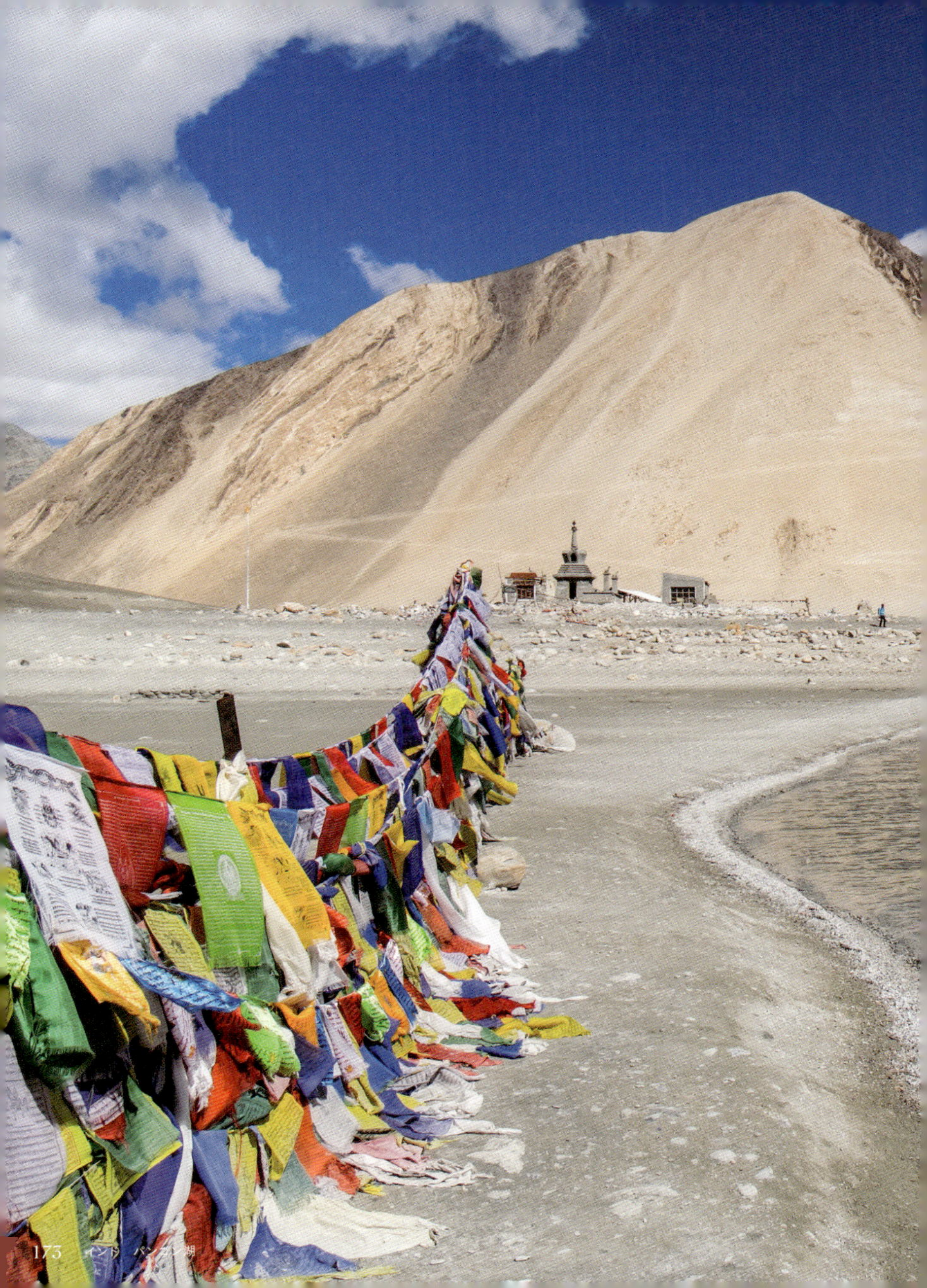

 インド　パンゴン湖

進路を決めるのは風ではない、
帆の向きである。
人の行く手も海を吹く風に似ている。
人生の航海でその行く末を決めるのは、
なぎでもなければ、嵐でもない、
心の持ち方である。

エラ・ウィーラー・ウィルコックス（詩人）

 タイ　カロンビーチ

第5章
大切なことに気づくことば

愛は行動なのよ。
言葉だけではだめなの。
言葉だけですんだことなど
一度だってなかったわ。

オードリー・ヘプバーン（女優）

 モルディブ　ハートの島

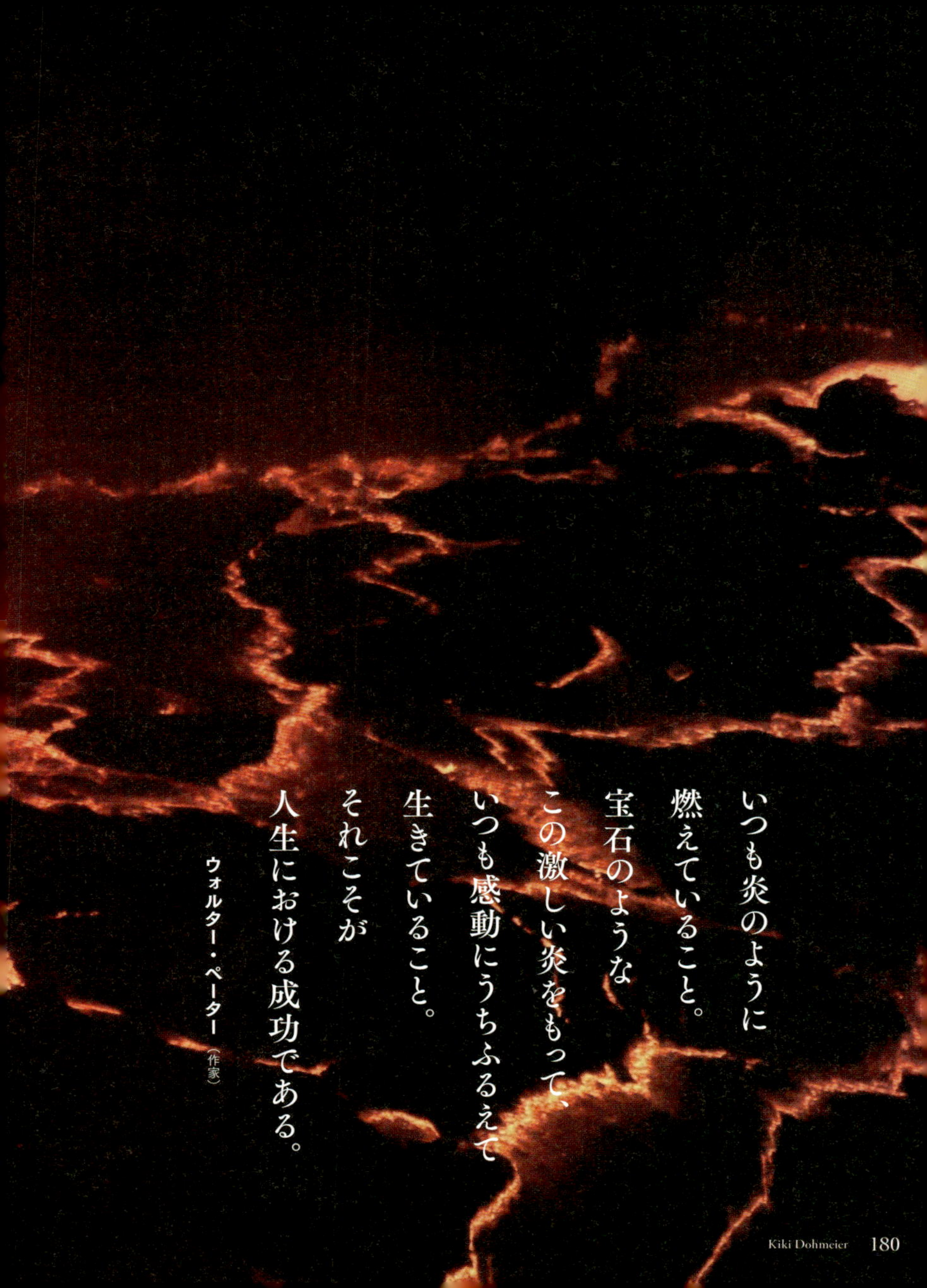

いつも炎のように
燃えていること。
宝石のような
この激しい炎をもって、
いつも感動にうちふるえて
生きていること。
それこそが
人生における成功である。

ウォルター・ペーター（作家）

Kiki Dohmeier

 コンゴ　ニーラゴンゴ山

私は自分にないものを見て、
自分のことを不幸だと思っていた。
周りの人は私にあるものを見て、
私のことを幸せだと思っていた。

ジェイコブ・ルー（政治家）

Tero Hakala

孤独とは、港を離れ、
海を漂うような寂しさではない。
本当の自己を知り、
この美しい地球上に存在している間に、
自分たちが何をしようとしているのか、
どこに向かおうとしているのかを
知るためのよい機会なのだ。

アン・シャノン・モンロー（作家）

Winston Tan

 ニュージーランド　ワナカ湖

一生の間に
一人の人間でも
幸福にすることが出来れば、
自分の幸福なのだ。

川端康成（作家）

Dean Fikar

 アメリカ　ジョセフィーヌ湖

Gáspár János

明日死ぬとしたら、
生き方が変わるのか？
あなたの今の生き方は、
どれくらい
生きるつもりの
生き方なのか。
チェ・ゲバラ（革命家）

Nyrelle Hawkins

人間は善良で
あればあるほど、
他人のよさをみとめる。
だがおろかで意地悪で
あればあるほど、
他人の欠点を探す。

レフ・トルストイ（作家）

gorgeoussab

十六歳で美しいのは自慢にならない。
でも六十歳で美しければ、それは魂の美しさだ。

マリー・ストープス（植物学者）

 インドネシア　バリ島の水田

Tanya Puntti

この世に生を受けたこと。
それ自体が最大の
チャンスではないか。

アイルトン・セナ（F1レーサー）

TRphotos

今この瞬間にあなたが無上の喜びを
感じていないとしたら、理由はひとつだけ。
自分がもっていないもののことを
考えているからだ。
喜びを感じられるものは、
すべてあなたの手の中にあるというのに。

アントニー・デ・メロ（神父）

人生とは
嵐が過ぎ去るのを
待つことではない。
雨の中で、どんなふうに
ダンスするかを学ぶことだ。

ヴィヴィアン・グリーン
（R&Bシンガー）

Peter Stein

金を失うことは小さなことである。
信用を失うことは大きなことである。
しかし、勇気を失うことは
すべてを失うことである。

ウィンストン・チャーチル（政治家）

他人を幸福に
するのは、
香水をふりかける
ようなものだ。
ふりかけるときに、
自分にも数滴はかかる。

ユダヤのことわざ

Manon van Goethem

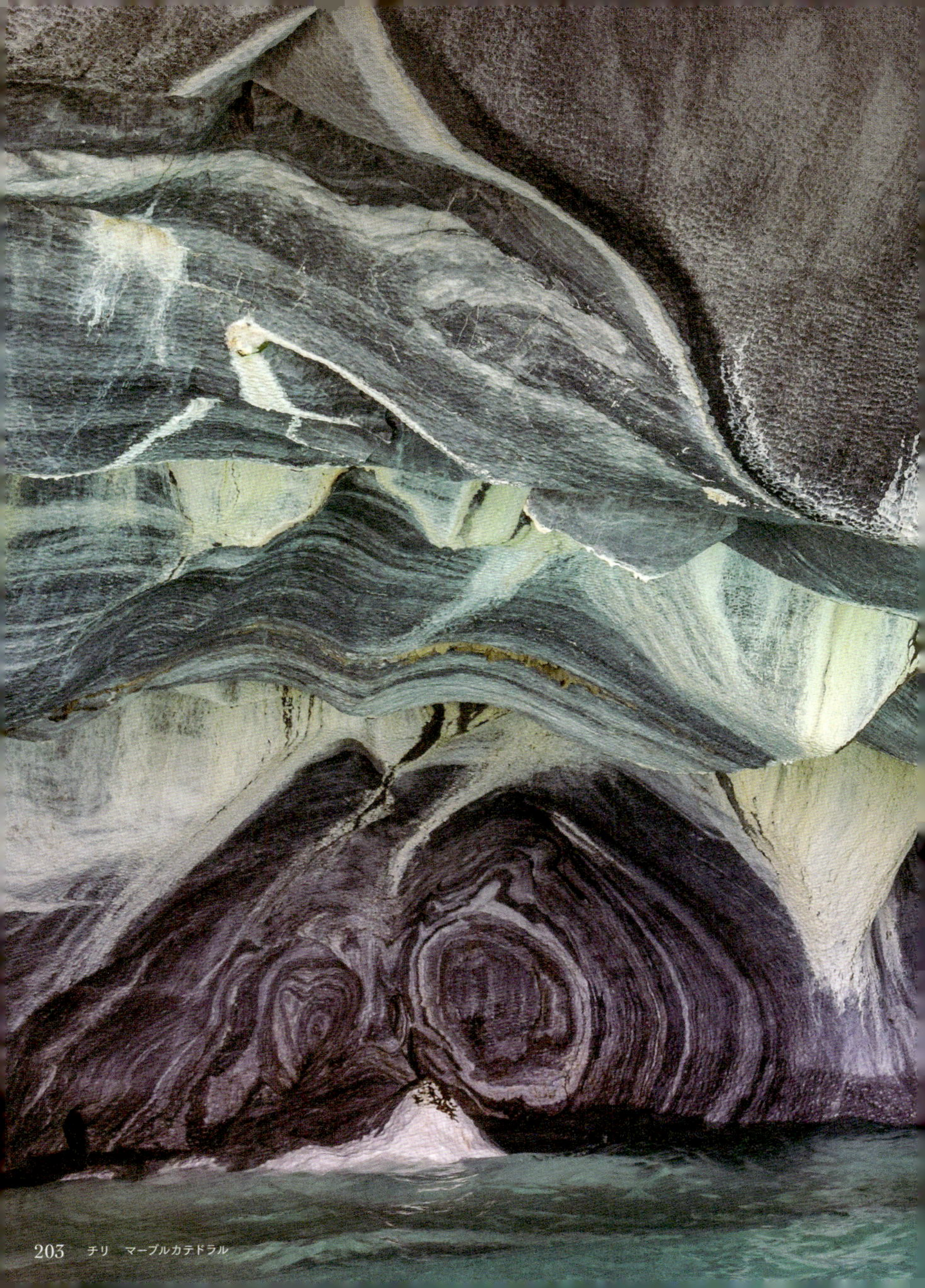

S.Borisov

夢七訓

夢なき者は理想なし
理想なき者は信念なし
信念なき者は計画なし
計画なき者は実行なし
実行なき者は成果なし
成果なき者は幸福なし
故に幸福を求める者は
夢なかるべからず

渋沢栄一（実業家）

笑顔は１ドルの元手もいらないが、
１００万ドルの価値を生み出してくれる。

デール・カーネギー（自己啓発作家）

オーストラリア　グレートバリアリーフ　zoc_illingworth

美しい景色を探すな。
景色の中に美しいものを見つけるんだ。

フィンセント・ファン・ゴッホ（画家）

 ニュージーランド　ワイトモ・グローワーム・ケーブス　Marcel Strelow

Khoroshunova Olga

恋を得たことの
ない人は
不幸である。
それにもまして、
恋を失ったことのない人は
もっと不幸である。

瀬戸内寂聴（僧侶）

 モーリシャス　ル・モーン・ブラバント半島

Gheorghe Popa

自分が上り調子のとき、
人には親切にすることだ。
下りのときに同じ人とすれ違うのだから。

ウィルソン・ミズナー（脚本家）

束縛があるからこそ、
私は飛べるのだ。
悲しみがあるからこそ、
私は高く舞い上がれるのだ。
逆境があるからこそ、
私は走れるのだ。
涙があるからこそ、
私は前に進めるのだ。

マハトマ・ガンジー（政治指導者）

Anton Foltin

床屋へ行けば一日幸せ、
妻をめとれば一週間、
新馬を買えば一カ月、
家を建てれば一年、
正直に暮らせば一生幸せ

イギリスのことわざ

Greg Brave

真の謙虚さとは
自分の長所を
正当に評価することであり、
長所をすべて
否定することではない。

サミュエル・スマイルズ（作家）

効率や能率ばかりを
追求していると
発想はいきづまる。
ムダや遊びにも
価値を見出すべきです。

森正弘（ロボットコンテスト創始者）

 インドネシア　バリ島　シヴァイト水寺院

雲の向こう側は、
いつも青空だ。

ルイーザ・メイ・オルコット（作家）

221　ボツワナ　チョベ国立公園

主な参考文献）
『必ず出会える！人生を変える言葉2000』（西東社）
『人生の名言1500 あなたが変わる偉人・賢人の魔法の言葉』（宝島社）
『必ず感動する言葉が見つかる座右の銘2000』（KADOKAWA）
『生きる力がわいてくる名言・座右の銘1500』（永岡書店）
『人生を変える！マンガ名言1000』（宝島社）
『マンガでわかる！10代に伝えたい名言集』（大和書房）
『心にジーンと響く108の名言』（大和書房）
『未来の扉をひらく偉人のことば』（新星出版社）
『3秒でハッピーになる名言セラピー』（ディスカヴァー・トゥエンティワン）
『3秒でハッピーになる超名言100』（ディスカヴァー・トゥエンティワン）
『いい言葉はいい人生をつくる』（成美堂出版）
『人生を動かす賢者の名言』（池田書店）
『人生を変えた感謝の名言』（日本文芸社）

その他、書籍、ウェブサイトを参考にさせていただきました。ここに心よりの感謝を申し上げます。

心がすーっと軽くなる
しあわせのことば

2019年1月17日発行

編　者　開発社

発行者　藤本晃一

発行所　株式会社 開発社
〒103-0023
東京都中央区日本橋本町1-4-9
ミヤギ日本橋ビル8階
TEL：03-5205-0211　FAX：03-5205-2516（編集・販売）

印刷・製本　シナノ印刷

ISBN 978-4-7591-0161-4
Printed in Japan